BEI GRIN MACHT SICH IHR WISSEN BEZAHLT

- Wir veröffentlichen Ihre Hausarbeit, Bachelor- und Masterarbeit

- Ihr eigenes eBook und Buch - weltweit in allen wichtigen Shops

- Verdienen Sie an jedem Verkauf

Jetzt bei www.GRIN.com hochladen und kostenlos publizieren

Franziska Weinhold

Alexander von Humboldt - Bedeutende deutsche Persönlichkeit

GRIN Verlag

Bibliografische Information der Deutschen Nationalbibliothek:

Die Deutsche Bibliothek verzeichnet diese Publikation in der Deutschen Nationalbibliografie; detaillierte bibliografische Daten sind im Internet über http://dnb.d-nb.de/ abrufbar.

Dieses Werk sowie alle darin enthaltenen einzelnen Beiträge und Abbildungen sind urheberrechtlich geschützt. Jede Verwertung, die nicht ausdrücklich vom Urheberrechtsschutz zugelassen ist, bedarf der vorherigen Zustimmung des Verlages. Das gilt insbesondere für Vervielfältigungen, Bearbeitungen, Übersetzungen, Mikroverfilmungen, Auswertungen durch Datenbanken und für die Einspeicherung und Verarbeitung in elektronische Systeme. Alle Rechte, auch die des auszugsweisen Nachdrucks, der fotomechanischen Wiedergabe (einschließlich Mikrokopie) sowie der Auswertung durch Datenbanken oder ähnliche Einrichtungen, vorbehalten.

Impressum:

Copyright © 2012 GRIN Verlag GmbH
Druck und Bindung: Books on Demand GmbH, Norderstedt Germany
ISBN: 978-3-656-22967-4

Dieses Buch bei GRIN:

http://www.grin.com/de/e-book/192375/alexander-von-humboldt-bedeutende-deutsche-persoenlichkeit

GRIN - Your knowledge has value

Der GRIN Verlag publiziert seit 1998 wissenschaftliche Arbeiten von Studenten, Hochschullehrern und anderen Akademikern als eBook und gedrucktes Buch. Die Verlagswebsite www.grin.com ist die ideale Plattform zur Veröffentlichung von Hausarbeiten, Abschlussarbeiten, wissenschaftlichen Aufsätzen, Dissertationen und Fachbüchern.

Besuchen Sie uns im Internet:

http://www.grin.com/

http://www.facebook.com/grincom

http://www.twitter.com/grin_com

Fachoberschule am Beruflichen Schulzentrum für Agrarwirtschaft und Ernährung, Dresden

Facharbeit

im Fach Geschichte

Alexander von Humboldt
Bedeutende deutsche Persönlichkeit

von
Franziska Weinhold

Dresden, 27.02.2012

Inhaltsverzeichnis

1 Die Entscheidung für Alexander von Humboldt	3
2 Humboldts Leben	4
2.1 Seine Kindheit	4
2.2 Student und Bergmann	4
2.3 Die Amerikareise	5
2.4 Zurück in Berlin als preußischer Kammerherr	6
2.5 Die Russlandreise	7
2.6 Zwischen Hofdienst und Wissenschaft	7
2.7 Das Ende der Ära Humboldt	8
3 Humboldts Erbe	9
3.1 Seine Werke	9
3.2 Ein Leben Lang lernen	10
3.3 Alles umfassende Forschung	11
3.4 Verbindungen sind alles	11
3.5 Humboldt heute	12
4 Weltweite Würdigung Alexander von Humboldts	14
5 Quellenverzeichnis	16
6 Literaturverzeichnis	17

1 Die Entscheidung für Alexander von Humboldt

In den vielen hundert Jahren, in dem unser Land eine so große Menge an bedeutenden Menschen zum Vorschein gebracht hat, kann die Entscheidung, eine Person näher zu betrachten, schwerfallen. Warum also habe ich mich gerade für Alexander von Humboldt entschieden? Zum ersten Mal bin ich auf Alexander von Humboldt aufmerksam geworden, als ich die Lektüre „Die Vermessung der Welt" von Daniel Kehlmann las. In diesem Werk wird ersichtlich, wie Alexander von Humboldt bestrebt war seine wissenschaftlichen Kenntnisse zu verbreiten und man wird regelrecht angesteckt von seinem unstillbaren Interesse, alles Neue zu erforschen. Alexander von Humboldt war ein Mensch der sich nicht mit dem gegebenen Wissen zufrieden gab, für ihn musste alles auch im Zusammenhang einen Sinn ergeben, er betrachtete die einzelnen Wissenschaften nicht nur an sich. So zeigt sich für sein dynamisches Denken, dass er verschiedene wissenschaftliche Aspekte immer wieder neu aufrollte und auch nicht davor zurückschreckte, seine eigenen Irrtümer hervorzuheben. Humboldt besaß kein in sich geschlossenes Denken, sondern er lies sich von allen Bereichen inspirieren. Das Beeindruckende an ihm ist, dass er die Menschen immer in Erstaunen versetzte und es ihm ein Leichtes war, andere für seine Ideen zu begeistern. Ich wurde ebenfalls von der Begeisterung mitgerissen. Darauf hin habe ich mich genauer mit Alexander von Humboldt beschäftigt und werde nun im Folgendem sein Leben und die daraus resultierende heutige Bedeutsamkeit für die Menschen beschreiben.

2 Humboldts Leben

2.1 Seine Kindheit

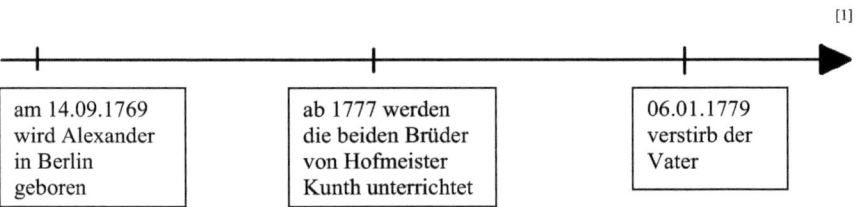

Alexander wird als zweiter Sohn von Major Alexander Georg von Humboldt und Marie Elisabeth von Humboldt in Berlin geboren. Wilhelm und Alexander von Humboldt werden von Hauslehrern unterrichtet. Der jüngere, immer etwas kränkliche Alexander muss dabei dasselbe Pensum schaffen wie der zwei Jahre älterer Bruder. Nebenbei interessiert sich Alexander noch für Botanik und Geologie. Nach dem Tod des Vaters wird der Hofmeister Kunth wichtigste Person im Leben der Humboldt – Brüder. Er organisiert ihre Ausbildung, verwaltet deren Vermögen und führt sie in die Berliner Gesellschaft ein. Die Mutter, stets um die beste berufliche Zukunft ihrer Söhne besorgt, lässt es aber an mütterlicher Zuwendung und Nähe fehlen.

2.2 Student und Bergmann

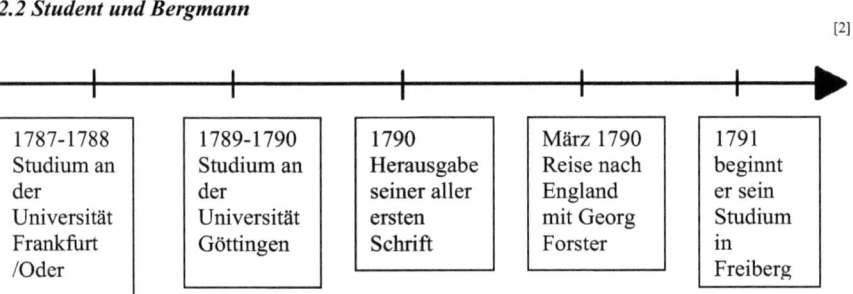

Bezeichnend für Alexander von Humboldt ist seine Selbstdisziplin beim Studieren. Viele Dinge eignet er sich selbstständig an. Auch auf seiner Reise mit Georg Forster, der ihm zum ersten Mal die Freuden des Reisens aufzeigt, ist er unermüdlich mit seinen Bemühungen. Die Universitätsstudien schafft er in Rekordzeit. So absolviert er den in Freiberg auf drei Jahre angelegten Regelstudiengang in acht Monaten. Dazu betreibt er nebenbei noch Studien unter Tage und veröffentlicht eine Schrift zu den unterirdisch wachsenden Pflanzen. Im fränkischen Steben, wo er als Oberbergmeister eingesetzt wird, verbessert er die sozialen Bedingungen und die Sicherheit der Bergleute bei gleichzeitiger Produktionssteigerung indem er eine Unterstützungskasse für Bergmänner einrichtet. Er gründet eine Bergbauschule um Bergleuten das nötige Wissen zu vermitteln, so entsteht die erste Berufsschule Deutschlands. Die nötigen Lehrbücher schreibt er gleich selbst. Für seine Verdienste wird Alexander von Humboldt zum Oberbergrat ernannt.

2.3 Die Amerikareise

[3]

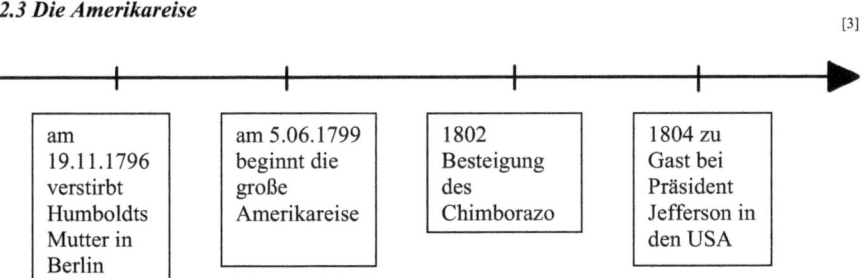

Nach dem Tod der Mutter ist er finanziell unabhängig und verlässt darauf den Staatsdienst. 1798 geht er nach Paris um die letzten Reisevorbereitungen zu treffen. Dort trifft er auf seinen späteren Reisegefährten, den Botaniker Bonpland. Da ganz Europa von den napoleonischen Kriegen zerrüttet ist, können beide nur noch von Spanien aus Richtung Amerika segeln. Als Übungsmaßnahme, um sich mit den Instrumenten vertraut zumachen, vermisst er die spanische Ebene, stellt fest, dass es sich um eine Hochebene handelt und erstellt ein Geländeprofil. Bei dieser großen Reise durch Spanien gewinnt er seine ersten Forschungsergebnisse. So gut ausgerüstet und geübt, reist er ab. Die Reise durch die unbekannten Regionen Mittel- und Südamerikas sind Humboldts abenteuerlichster Lebensabschnitt. Seine Gesundheit verbessert sich, trotz der widrigen Bedingungen, denen er stets frohgemut, offen und interessiert begegnet. 1800 ist Humboldt auf dem Orinoko und dem Rio Negro unterwegs. Wie auch an anderen Orten ist Humboldt über die dort herrschende Sklavenarbeit wenig erfreut. Auf dieser Reise begegnen ihm aber auch Grundbesitzer, die ihren Sklaven die Bewirtschaftung eigener Ackerflächen erlauben. Er lernt, sich durch nichts von der Arbeit ablenken zulassen, selbst riesige Moskitoschwärme, sintflutartige Regenfälle oder Vulkanausbrüche kann er ausblenden und konzentriert seine Messungen vornehmen. Noch vor Ort überlegt Humboldt, wie eine effiziente, nachhaltige Nutzung des Landes möglich ist und bezieht dabei immer die einheimische Bevölkerung mit in seine Überlegungen ein. Für ihn sind es keine Menschen niederer Klasse.

2.4 Zurück in Berlin als preußischer Kammerherr

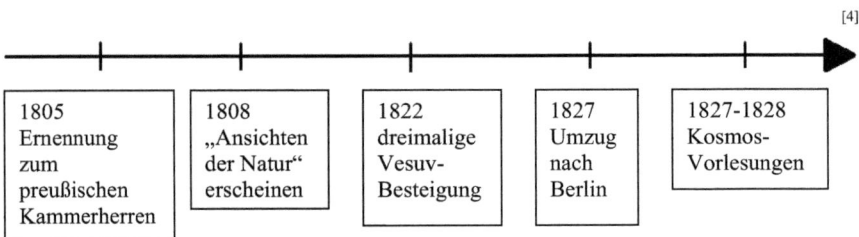

Nach der Rückkehr aus Amerika ist Humboldt ein gefeierter Held. Er wird mit Einladungen und Ehrenbezeugungen überschüttet. Sein Bruder Wilhelm verschafft ihm eine bezahlte Anstellung als Kammerherr am preußischen Hof, sein Jahressold beträgt 2550 Taler. Humboldt ist erstmalig seit neun Jahren wieder in Berlin. Etwaigen Verpflichtungen kann sich Alexander jedoch entziehen. Er bittet den König, da er sein gesammeltes Material erst einmal auswerten und zu Büchern verarbeiten müsse, ihn frei zustellen. Alle Sammlungen sind in der Pariser Akademie untergebracht worden und Humboldt überwacht vor Ort alles akribisch. In der Zeit von 1805 bis 1834 erfolgt die Veröffentlichung der Ergebnisse seiner Forschungen in Amerika. In dieser Zeit wird er nach Berlin zurück gerufen. Als er daraufhin seinen Wohnsitz vollständig nach Berlin verlagert, ist dies für Humboldt ein kultureller Abstieg. Berlin ist erst auf dem Weg zur Metropole und im Vergleich zu Paris provinziell. In Berlin hält er nun Vorträge und ist ein, nicht nur vom König, gefragter Berater. So oft es geht, unternimmt er kleinere Reisen, sein Forschungsmaterial hat er immer im Gepäck.

2.5 Die Russlandreise

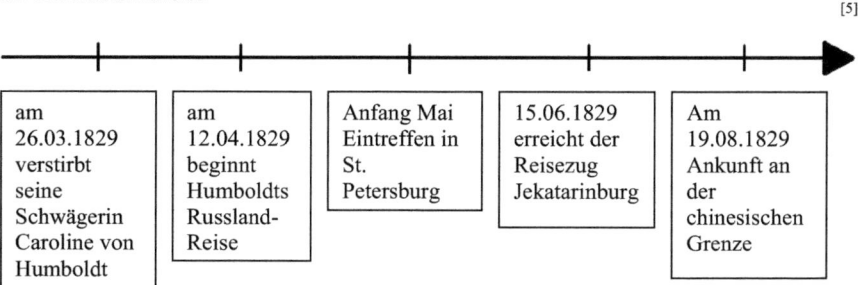

Da Caroline von Humboldt Alexander immer viel bedeutet hatte, überschattet ihr Tod seine gesamte Russland-Expedition. Diese Reise war das Gegenteil der Amerikareise. Im Wagen fährt Humboldt recht komfortabel in Begleitung des Mineralogen Gustav Rose und des Zoologen Christian Gottfried Ehrenberg. Die Entdeckungen werden ihm serviert, er braucht nur seine wissenschaftliche Meinung kundtun. Tempo und Route der Reise waren vorbestimmt und jede Kritik am politischen System wurde verbeten. Was Humboldt angesichts der Transporte von Verbannten nach Sibirien, die ihm immer wieder begegneten, sehr schmerzte. Dafür hatten der russische Zar und der Graf Canacrin die Reisekosten übernommen. In Jekatarinburg angekommen, beginnen die wirklich wichtigen Arbeiten, wie die Besichtigungen der Bergwerke und erdmagnetische Untersuchungen. Zuletzt gelingt es Humboldt dennoch die Reiseroute auszuweiten und seinen eigenen Interessen nachzugehen. Innerhalb eines halben Jahres wird eine Strecke von ca. 15 000 Kilometern mit einem Verbrauch von 12 244 Pferden zurück gelegt.

2.6 Zwischen Hofdienst und Wissenschaft

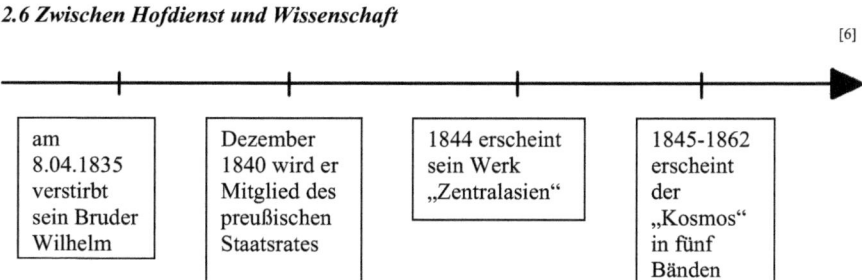

1834 beginnt Humboldt mit der Arbeit am „Kosmos" die ihn bis zu seinem Tod beschäftigen wird. Der Dienst, den er am Hof begleiten muss, war für Humboldt eine zeitraubende und störende Aufgabe. Sich mit belanglosen Dingen zu beschäftigen ist gegen seine Natur. Da ihm die Stellung als Kammerherr ohne bestimmten Bereich ein geregeltes Einkommen bietet und er ständig knapp bei Kasse ist, musste er den nicht allzu häufigen Verpflichtungen dennoch nachkommen. Im Staatsrat dagegen engagiert sich Humboldt, besonders Minderheiten und die Wissenschaft unterstützt er. So wird auf sein bestreben ein Gesetz erlassen, das jedem afrikanischen Sklaven, der preußisches Territorium betritt, die Freiheit garantiert. Er steht einer Kommission vor, die jungen Wissenschaftlern und Künstlern eine staatliche Unterstützung bewilligt. Auch für die Berufung der „Göttinger Sieben" nach Berlin und für die Gleichberechtigung der jüdischen Bürger setzt er sich ein. Im Rahmen seines Amtes hält Humboldt 1840 anlässlich der Hundertjahrfeier zur Thronbesteigung Friedrich des II. eine Festrede. In dieser ganzen Zeit geht Humboldt immer wieder auf verschiedene diplomatische Missionen, acht davon tragen ihn in sein geliebtes Paris.

2.7 Das Ende der Ära Humboldt

[7]

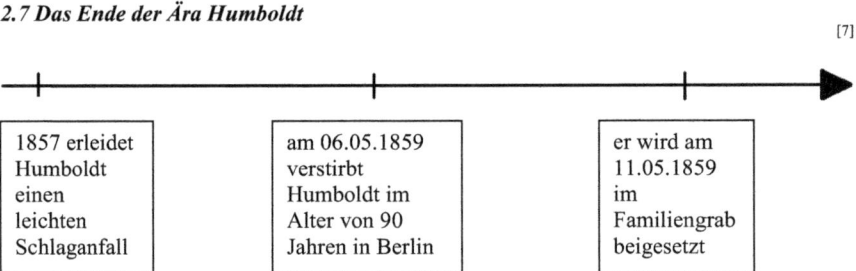

Bis ins hohe Alter arbeitet Humboldt täglich an seinen Forschungen und Veröffentlichungen. Dabei kommt er immer noch mit vier Stunden Schlaf am frühen Morgen aus. Humboldt zieht sich aus den meisten politischen Aufgaben zurück. Obwohl er seinen Platz im Staatsrat abgelegt hat, förderte er weiterhin die Wissenschaftspolitik. Trotz eines Schlaganfalls, den er 1857 erlitt, betrieb er weiterhin intensive Bemühungen an der Fortsetzung des „Kosmos" bis einige Tage vor seinem Tod. Sein Privateigentum vermacht Humboldt testamentarisch an seinen langjährigen, treuen Diener Seifert, welcher es dem preußischen Staat zum Kauf anbot. Nachdem dieser abgelehnt hatte, wurden die Sammlungen und Schriften versteigert und sind heute über alle Welt verstreut. Seine Forschungsergebnisse und Erkenntnisse hatte Humboldt schon früher der Menschheit zur Verfügung gestellt, um damit zu lernen und zu arbeiten. Ihm zu Ehren erfolgte am 10. Mai ein Staatsbegräbnis, es war das größte seit der Revolution 1848/49 in Berlin. Einen Tag darauf wurde Alexander von Humboldt im Familiengrab im Park von Tegel beigesetzt.

3 Humboldts Erbe

3.1 Seine Werke

Sein erlangtes Wissen versuchte Humboldt immer einer möglichst großen Gruppe zugänglich zumachen. Ein Beispiel sind, neben den Vorlesungen an der Berliner Universität, die sein Bruder Wilhelm gegründet hatte, die „Kosmos"-Vorträge in der Berliner Sing-Akademie. Sie waren für alle Menschen jener Zeit, unabhängig von Gesellschafts- oder Bildungsstand, offen. Selbst Frauen konnten den Ausführungen Humboldts lauschen.

Daneben veröffentlichte er unzählige Schriften und Abhandlungen. Allein sein Reisewerk umfasst 35 Bände und der „Kosmos" war auf fünf Bände angelegt. Die nachfolgenden Werke stehen nur exemplarisch für verschiedene Schaffensepochen Alexander von Humboldts.

- *Mineralische Beobachtungen über einige Basalte am Rhein (1790)*. Seine erste Veröffentlichung, während seiner Studienzeit in Göttingen entstanden.
- *Florae Fribergensis specimen (1793)*. Abhandlung über Studien zu unterirdischen Gewächsen während der Studienzeit in Freiberg.
- *Reise in das Äquatorialgebiet des Neuen Kontinents (1799 -1804)*. Als Teil des Reisewerks erschienen, behandelt das Buch die Expedition im Regenwald zum Orinoko.
- *Ansichten der Natur (1808)*. Humboldts liebstes Buch zeichnet einen Überblick der Tier- und Pflanzenwelt in ihren Lebensräumen der Erde.
- *Ansichten der Kordilleren und Monumente der eingeborenen Völker Amerikas (1810 -1813)*. Im Reisewerk erschienene, Abhandlung über die Kulturgeschichte Mittelamerikas.

- *Kritische Untersuchung der historischen Entwicklung der Geographie des Neuen Kontinents (1836/1852).* Im Reisewerk erschienene Abhandlung über die Geographie Mittelamerikas.
- *Zentralasien (1844).* Bericht über seine Russlandreise.
- *Kosmos – Entwurf einer physischen Weltbeschreibung (1845–1862).* Sein größtes, alles umfassendes Werk.

3.2 Ein Leben lang lernen

Viele Werke Humboldts haben eines gemeinsam. Sie sind nicht abgeschlossen. Vom Reisebericht aus Amerika erschien ein Drittel der gesamten Reise. Die „Asie centrale" hat er nicht beendet und der geplante zweite Band zu den „Ansichten der Natur" ist nie erschienen. Auch sein Haupt- und Lebenswerk, der „Kosmos", ist unvollendet.

Humboldt war sich zeitlebens dieser Vorläufigkeit und Unabschließbarkeit seiner Werke voll bewusst. Da er die ganze Wissenschaft als einen dem Wandel unterworfenen und ständig von neuen Erkenntnissen beeinflussten Mechanismus sah, mussten dementsprechend die Schriften immer wieder aktualisiert und angepasst werden. Humboldt selbst war deshalb der Meinung, sein „Kosmos" werde nie beendet sein, sondern solle auch von nachfolgenden Generationen erweitert werden. Diese Unendlichkeit brachte Humboldt selbst einmal zum Ausdruck:
„Dies ist das Schicksal der Menschen: Man erreicht das Ende des eigenen Lebens und vergleicht, nicht ohne Traurigkeit, das Wenige, das man hervorgebracht hat, mit all jenem, was man hätte unternehmen wollen, um das Reich der Wissenschaften zu erweitern.
(Asie centrale, Bd. II, S. 439f)" [8]

Es wird offensichtlich, dass schon Humboldt davon überzeugt war, dass die Menschheit durch neue Erkenntnisse immer wieder etwas dazu lernen kann. Somit wird das Lernen an sich nie abgeschlossen sein.

3.3 Alles umfassende Forschung

Alexander von Humboldt hat Maßgebliches zu den folgenden Wissenschaftsbereichen beigetragen: Anatomie, Altertumswissenschaft, Botanik, Geologie, Geschichtswissenschaft, Mathematik, Philologie, Uranologie und Zoologie.

Das Denken Alexander von Humboldts war auf die Welt als ganzes ausgerichtet. Damit ist Humboldts Forschungsinteresse und die wissenschaftliche Ausarbeitung nicht auf Einzelgegenstände gerichtet. Vielmehr werden sie zur kosmopolitischen Wissenschaft durch ihr ethisches Fundament und dem Interesse einer für die ganze Menschheit ausgerichteten politischen Verantwortlichkeit.

Grundlage dafür war sein interdisziplinäres Denken und Erkennen von Zusammenhängen. Seine Horizonte des Denkens waren offen. Die Wissenschaft sollte seiner Meinung nach kein anhäufen von statistischen Daten aus Messungen und Beobachtungen von Einzelgegenständen sein. Alle diese Daten müssen laut Humboldt in Zusammenhänge eingebracht werden. Dann erst ergibt sich ein reelles Bild des Ganzen. Dabei bezieht Humboldt sein Prinzip nicht nur auf die Natur. Alles stehe in Wechselwirkung zu etwas anderem.

3.4 Verbindungen sind alles

„Wenn unser Jetztzeitalter das Netzzeitalter ist, dann ist Alexander von Humboldt gewiß dessen wissenschaftlicher Vordenker." [9] Konnte er sich als Student noch nicht entscheiden, welche Wissenschaftsrichtung er einmal einschlagen soll, so ist er nach seiner Amerikareise zum verbindenden Kopf zwischen den ganzen Disziplinen geworden.

Allein seine Korrespondenzen umfassen mehr als 30.000 Briefe. Anbetracht dessen, das jeder, in jener Zeit handschriftlich verfasste Brief von Humboldt persönlich geschrieben wurde, eine enorme Leistung. Er stand dabei im Austausch mit Kollegen und Freunden rund um den Globus. Auf diese Weise konnte Humboldt Daten aus Regionen mit in seine Zusammenhänge einbeziehen, welche er nicht bereist hatte. Zum anderen versorgte er sich mit Spezialwissen, welches er aus Zeitmangel nicht selbst hatte vertiefen können. Wichtig war ihm ebenfalls die Meinung anderer Wissenschaftler zu seinen eigenen Ergebnissen, um diese eventuell zu verbessern oder zu korrigieren. Es ermöglichte ihm auch immer auf dem aktuellsten wissenschaftlichen Stand der Zeit zu sein und alle Studien dementsprechend anzupassen. Hätte es zu jener Zeit ein Internet gegeben, Alexander von Humboldt hätte es sicher rege genutzt.

3.5 Humboldt heute

„Vorbild-Deutscher, Verwegener Humanist und Letzter Universalgelehrter" [10] sind Bezeichnungen, auf die man in der Literatur zu Humboldt immer wieder stößt. Was aber macht den Gelehrten und Forscher des ausgehenden 18. Jahrhunderts und beginnenden 19. Jahrhunderts so besonders, dass man heute noch von ihm lernen kann?

- *Der wache, vorurteilslose Blick.* [11] Die eigene Erfahrung und direkte Anschaulichkeit waren Humboldt sehr wichtig. Er beschäftigte sich nicht nur mit dem, was andere zu Papier gebracht hatten. Selbst messen, beobachten und beschreiben waren genauso Bestandteile seiner Arbeit. Dabei ging er immer unbefangen und vorurteilsfrei ans Werk, um seine Schlüsse aus den Beobachtungen zu ziehen. Er war auch bereit, sich dabei von allgemeinen und althergebrachten Meinungen zu trennen.
- *Menschenfreund.* [12] Standesdünkel waren Humboldt fremd. Obwohl er dem Adel angehörte und sein Auftreten das eines Edelmannes war, kann man ihm keine rassistischen oder sozialen Überheblichkeiten nachsagen. Jedem Menschen, den er begegnete, versuchte Humboldt in seiner Eigenart zu verstehen und fasste ihn als Individuum auf.
- *Zivilist.* [13] Die Epoche, in welcher Humboldt lebte, war gezeichnet durch die Kriege zwischen Frankreich unter Napoleon Bonaparte und den Staaten des restlichen Europas. Inmitten dieser Welt schafft Humboldt, den zivilen Charakter seiner Unternehmungen zu wahren. Er vermied es stets, feste Bündnisse und Verträge mit Herrscherhäusern oder Staaten einzugehen. Mit diplomatischem Geschick und seiner offenen Art konnte er mit allen wichtigen Größen der Welt ins Gespräch kommen.

- *Volksbildner.* [14] „Mit dem Wissen kommt das Denken, und mit dem Denken der Ernst und die Kraft in die Menge. – A. v. Humboldt" [23] In der Bildung sah Humboldt den Schlüssel für die Zukunft. Sein Wissen unter die Leute zu bringen und ihr Interesse für Wissen zu wecken, darin war Humboldt geradezu meisterlich.
- *Humanität.* [15]Als Zeitgenosse der Französischen Revolution kannte Humboldt auch deren Ideale von Freiheit, Gleichheit und Brüderlichkeit und die von ihr formulierten Menschenrechte. Durch die Verbreitung seines Wissens in allen Schichten der europäischen Bevölkerung hoffte er, diese Ideale auf friedlichen Weg möglichst vielen Menschen nahe zu bringen. Zeitlebens bewahrte er sich seine liberale Gesinnung und aus seinem Abscheu gegenüber Sklaverei, Rassismus, Volksverdummung und Klassenherrschaft machte er kein Geheimnis.
- *Weltbürger.* [16] Im Ausland bewegte sich Humboldt ohne Scheu, Hemmungen oder Vorurteile. Er sprach und schrieb mehrere Sprachen und pflegte den freien Austausch mit einer internationalen Wissenschaftsgemeinde.
- *Globaler Kulturbegriff.* [17] Auf seiner Amerikareise hatte Humboldt herausgefunden, dass in Amerika ein eigenes Altertum und Mittelalter existiert hatte und deren Kulturdokumente mit denen der Ägypter und Griechen vergleichbar wären. Dies erweiterte den Blick, weg von Europa, hin zur Welt.
- *Organisation der Forschung.* [18] Gemeinschaftlich zu arbeiten war eine von Humboldts Grundbedingungen. Er verfügte über ein Netzwerk von befreundeten Forschern und Wissenschaftlern, mit welchen er ständig im Austausch stand. Dazu gehörte auch, ganz ohne Neid, sich gegenseitig zu beraten oder zu korrigieren. Unentwegt förderte er außerdem junge und unbekannte Talente, wie Justus Liebig, Chemiker oder Louis Agassiz, Ichthyologe.
- *Lebenslanges Lernen.* [19] Humboldts Wissensdurst war unersättlich. Ein Leben lang versuchte er mit den neusten wissenschaftlichen Erkenntnissen Schritt zu halten und besuchte selbst im hohen Alter noch Vorlesungen. Im Hörsaal der Berliner Universität war er dann ein Student unter Studenten.
- *Gegen das Spezialistentum.* [20] Das gesamte Werk Humboldts beruht auf Zusammenhängen. So dachte er auch, damit ihm kein Detail in der „empirischen Fülle" verloren geht. So, wie er in verschiedene Richtungen forschte, so bestand sein Netzwerk aus Kollegen ebenfalls in verschiedene wissenschaftliche Richtungen.

Er arbeitete nicht nur in den Naturwissenschaften interdisziplinär, sonder bezog die Ergebnisse der Geisteswissenschaften in sein „Naturgemälde" mit ein.

- *Demokratisches Wissenschaftsverständnis.* [21] Seine Forschungsergebnisse geheim zu halten oder zu Geld zu machen wäre Humboldt nie eingefallen. Die Resultate seiner Arbeiten sollten für alle zugänglich sein um daraus zu lernen oder sie zu verbessern.
- *Ökologie.* [22] Hier greift wieder Humboldts Prinzip der Zusammenhänge. Er beschrieb Pflanzen und Tiere in Abhängigkeit von ihrer Umwelt. Damit beschrieb er Ökosysteme, bevor es diesen Begriff überhaupt gab. Die Schäden und deren Folgen durch den Raubbau der Menschen an der Natur hatte Humboldt bereits erkannt. Er mahnte stets, nicht nur die Einzeldinge zu erforschen, sondern ihre Wechselbeziehung in der Natur zu berücksichtigen. Damit kann Alexander von Humboldt als Stammvater der heutigen Ökologie gelten.

Das Denken Humboldts wurde über die Generationen hinweg getragen. Seine Ansichten waren für die Gesellschaft immer wichtige Eckpunkte. Was einen Bürger ausmachte wurde nach diesem Denken entschieden. Zur heutigen Zeit sieht es nicht viel anderes aus. Viele Punkte zählen heute noch zu den wichtigsten Eigenschaften ein guter Mensch zu sein, wie zum Beispiel die Humanität, demokratisches Wissenschaftsverständnis und der wache, vorurteilslose Blick.

4 Weltweite Würdigung Alexander von Humboldts

Nach Alexander von Humboldt sind viele Dinge benannt. Am bekanntesten dürfte der nach ihm benannte Strom vor der Westküste Südamerikas sein. Humboldt war der Ansicht, nicht der Entdecker dieser Meeresströmung zu sein, da die Einheimischen bereits vor ihm um die Bedeutung für die Südamerikanische Pazifikküste wussten. Er habe lediglich ein Thermometer hinein gehalten. Aber auch ein Pinguin trägt den berühmten Namen. Von Nord- bis Südamerika sind Berge, Gewässer, Landschaften, Orte Straßen und noch vieles mehr nach ihm benannt. Selbst auf dem Mond findet sich ein „Mare Humboldtianum". Jedes Schulkind in Süd- und Mittelamerika kennt den deutschen „Baron Humboldt". Er wird als der wahre Entdecker Südamerikas gefeiert. Wahrscheinlich ist er auch so beliebt, weil er, im Gegensatz zu den spanischen Eroberern, in friedlicher Absicht kam und den Umgang mit den Einheimischen pflegte.

In Deutschland, so musste ich feststellen, ist der bedeutende Weltentdecker und Universalgelehrte eher unbekannt. Nach ihm sind zwar Universitäten, Schulen und Straßen benannt, er steht aber immer im Schatten seines Bruders Wilhelm. Aber gerade die weltweite Anerkennung der Leistungen Alexander von Humboldts zeigt, wie besonders dieser Mensch war. Wir sollten uns öfter an ihn erinnern, denn seine Denkweisen sind heute noch zutreffend und werden in vielen Teilen der Erde als Grundlage einer friedlichen Verständigung gesehen. Gerade der Weltbürger Humboldt als Grundlage unseres heutigen europäischen Gedankens hat unsere Anerkennung verdient.

5 Quellenverzeichnis

[1] Meyer-Abich, Adolf: Alexander von Humboldt. Rowohlt Verlag, Reinbek.
16. Auflage, 2004. S. 168

[2] ebd., S.168

[3] ebd., S. 168ff

[4] ebd., S. 170

[5] ebd., S. 170

[6] ebd., S. 170f

[7] ebd., S. 171

[8] Ette, Ottmar: Alexander von Humboldt und die Globalisierung.
Insel Verlag, Frankfurt am Main. 2009. S. 327

[9] ebd., S. 16

[10] Barth, Reinhard: Alexander von Humboldt. Bloomsbury Verlag, Berlin. 2009. S. 283

[11] ebd., S. 283

[12] ebd., S. 283f

[13] ebd., S. 284

[14] ebd., S. 284

[15] ebd., S. 284

[16] ebd., S.284f

[17] ebd., S. 285

[18] ebd., S. 285

[19] ebd., S 285

[20] ebd., S. 285f

[21] ebd., S. 286

[22] ebd., S. 286

[23] ebd., S. 284

6 Literaturverzeichnis

Barth, Reinhard: Alexander von Humboldt. Bloomsbury Verlag, Berlin. 2009.

Botting, Douglas: Alexander von Humboldt. Prestel-Verlag, München. 3.Auflage, 1982.

Ette, Ottmar: Alexander von Humboldt und die Globalisierung.
>Insel Verlag, Frankfurt am Main. 2009.

Krammer, Mario: Alexander von Humboldt. Wegweiser-Verlag, Berlin. 1951.

Meyer-Abich, Adolf: Alexander von Humboldt. Rowohlt Verlag, Reinbek.
>16. Auflage, 2004.

Scurla, Herbert: Alexander von Humboldt. Fischer Verlag, Frankfurt am Main. 1984.